L'AMANT TIMIDE,

OU

L'ADROITE SOUBRETTE,

COMÉDIE

EN UN ACTE, EN VERS,

PAR LE CITOYEN CHATEAUNEUF.

Quel tourment de se taire en voyant ce qu'on aime!
RACINE.

A PARIS,

CHEZ l'Auteur, rue St.-Honoré, N°. 1453, à côté de St.-Roch.
les Marchands de Nouveautés.

DE L'IMPRIMERIE DE CHARLES, RUE GUÉNÉGAUD.

AN XI. — 1803.

Je n'avais pas vingt ans lorsque je fis cette petite pièce : je n'avais pas vu Paris encore : mon goût n'avait pu se former dans la première ville de province où elle fut représentée. Mes compatriotes, dont j'étais aimé, encouragèrent ma timide jeunesse par une extrême indulgence et par des applaudissemens dont le souvenir sera toujours un charme pour moi. Le premier homme de génie que je consultai sur cet ouvrage de mon enfance, fut le célèbre Raynal : attiré à Marseille plus encore par l'éclat de sa renommée, que par le désir de voir cette ville industrieuse et superbe, je me présentai à lui sans autre recommandation que mon goût pour les lettres et ma profonde estime pour ses talens. Il m'accueillit avec intérêt, entendit la lecture de ma pièce avec une attention bien flatteuse pour un jeune homme. Il était difficile qu'à mon âge je connusse bien la mesure de l'attention du spectateur. Mêlant l'éloge à la critique, il m'engagea à retrancher des tirades trop longues, en me fesant observer qu'il ne fallait jamais oublier que le parterre était debout. Docile aux différens avis que j'ai recueillis depuis des citoyens Préville, Delille, Laharpe et Palissot, je me détermine à faire imprimer ma comédie avant d'avoir pu en obtenir la représentation. Pour me consoler des délais qu'on m'oppose, je vais transcrire une réponse du citoyen Saint-Ange au citoyen Morel, qui lui avait recommandé ma pièce. Je suis trop flatté de l'estime de l'auteur de l'excellente traduction en vers des Méthamorphoses d'Ovide, pour ne pas m'en honorer aux yeux de tous mes amis, pour qui seuls je fais imprimer mon premier ouvrage.

LETTRE

Du citoyen Saint-Ange *au citoyen* Morel.

J'ai lu, mon cher ami, avec un extrême plaisir, la petite comédie du citoyen Châteauneuf. Si on ne m'eût pas assuré que l'auteur n'avait pas vingt ans, je ne l'aurais jamais voulu croire. Son style est formé, et cet essai annonce du talent pour le dialogue comique. Cette pièce, malgré ses défauts, plaira aux esprits délicats qui aiment les nuances fines et légères. Je ne doute pas qu'elle ne fît grand plaisir sur un des premiers théâtres de Paris. Malheureusement, plusieurs acteurs ne savent guère accueillir les ouvrages de ce genre si estimable ; il leur faut des scènes où la pantomime théâtrale soit le premier mérite. On a accoutumé le public à ce misérable genre. Cela n'était pas difficile : il est plus aisé de trouver des spectateurs qui aient des yeux que de l'esprit et du goût. Au reste, j'ai indiqué tout ce qu'il fallait faire pour réussir, sans pour cela vous flatter du succès. C'est une chose odieuse qu'il faille plus de temps pour faire représenter un ouvrage que pour le composer.

LES DIRECTEURS

De la Commission exécutive de l'Instruction publique, au citoyen CHATEAUNEUF, *l'an* 3.

NOUS avons lu, Citoyen, la comédie que vous nous avez adressée, avec l'intérêt qu'inspire un essai aussi heureux. Si nous n'avions pas été avertis par la préface que vous n'aviez pas vingt ans, lorsque vous avez fait cet ouvrage, nous aurions cru qu'il était plutôt d'une plume exercée, que d'un très-jeune littérateur. Soyez persuadé, Citoyen, que si le choix des pièces qu'on joue dépendait de nous, nous aurions autant d'empressement à vous applaudir bientôt sur la scène, que nous avons éprouvé de plaisir en vous lisant.

GARAT, GINGUENÉ, NOEL.

APRÈS ces honorables encouragemens et des suffrages tels que ceux de MM. de Laharpe, Palissot et de Lille, il ne manquait à cette pièce que d'être jouée au Théâtre français. Je fus appelé à une première répétition, où mon éloignement de Paris ne me permit pas d'assister. Cette comédie fut alors oubliée pour ces ouvrages de *circonstance*, dont le fonds, aussi bisarre que le style, était en possession de plaire aux spectateurs nouveaux qui fesaient le destin des pièces nouvelles. L'auteur crut devoir se retirer, dès ses premiers pas dans une carrière où on ne pouvait se promettre des succès qu'en sacrifiant au mauvais goût ; il vit les acteurs eux-mêmes, tout en le blâmant, forcés de s'y soumettre. Heureux ceux qui, comme MM. les Comédiens français, n'ont eu, dans le cours de la révolution, d'autre erreur à se reprocher, que d'avoir payé un tribut passager au mauvais goût, pour revenir si promptement aux anciens modèles et à ceux qui les suivent, même de loin, dans la route qu'ils ont tracée !

PERSONNAGES.

La mère de LUCILE.

LUCILE.

DAMIS, amant timide.

MONDOR. (Ce rôle doit être joué par un *Comique*, avec une charge légère.)

LISETTE, suivante de Lucile. (Son débit doit être animé et très-rapide.)

La Scène est chez la mère de Lucile.

L'AMANT TIMIDE,

OU

L'ADROITE SOUBRETTE,

COMÉDIE EN UN ACTE.

SCÈNE PREMIÈRE.

LISETTE, *seule.*

DAMIS aime Lucile ; amant sans hardiesse,
Sera-t-il toujours froid auprès de ma maîtresse ?
Par un aveu trop tendre il craint de l'offenser :
Et ses yeux, jusqu'ici, n'ont su que se baisser.
Mais il sort de chez elle.

SCÈNE II.

LISETTE, DAMIS.

LISETTE.

Eh bien ! le tête à tête,
Comment s'est-il passé ?

DAMIS.

Tu vas gronder, Lisette,
Car, je n'ai pas osé faire un aveu.

LISETTE.

Fort bien!
On sait vous ménager deux heures d'entretien.
Je pense que ce temps aurait dû vous suffire
Pour conter tout au long votre amoureux martyre.
Mais point. Vous vous taisez! les lois de la pudeur.
Vous forçaient de voiler votre timide ardeur?
Ce procédé galant est neuf, je vous l'avoue;
Ou plutôt ce respect mérite qu'on le loue.

DAMIS.

Daigne excuser au moins....

LISETTE.

Non, Damis, désormais,
Je ne pardonne rien. Quoi! toujours des délais!
Des merveilleux du jour observez les manières.
Voyez les aborder les beautés les plus fières.
Charmés de leur parure, ils se disent tout bas:
Mon dieu! que de mérite! on n'a point tant d'appas.
Avec cet air fripon, ces graces naturelles,
On peut vous défier, mesdames les cruelles.

DAMIS.

Eh bien?

LISETTE.

Eh bien? monsieur, malgré leur sot jargon,
Leurs vices, leurs travers et malgré la raison,
Dans un monde léger dont un fat est l'idole,
Ces gens-là sont courus, le beau sexe en rafolle.

Et vous, Damis, et vous, avec beaucoup d'esprit,
De la fortune, un nom, inquiet, interdit,
Sur un mot hasardé vous tremblez de déplaire,
Et vous ne savez rien que rougir ou vous taire.

DAMIS.

Je me déclarerai,

LISETTE.

Cette timidité
Séduit dans une femme, ajoute à sa beauté;
Mais, près d'un sexe amant de la coquetterie,
Un jeune homme déplait par trop de modestie.
Là, sur vous, un moment, daignez jeter les yeux:
Quel fruit retirez-vous de vos timides feux?
Rien, que le doute encor. La charmante Lucile
Pour vous, depuis un mois, est d'un accès facile.
Vous pouvez, sans témoins, lui parler chaque jour;
Mais, bon! c'est temps perdu; jamais un mot d'amour!
Qu'attendez-vous enfin? Que Lucile elle-même,
En termes clairs et nets, vous déclare qu'elle aime?
Croyez-en sur ce point ses regards amoureux;
Mais, vous n'entendez pas le langage des yeux.

DAMIS.

Lisette, sur mes torts, ne soit pas inflexible.

LISETTE.

Sur vos défauts, Damis, moi vous laisser paisible!
Je veux vous tourmenter et vous forcer dans peu
Jusqu'au pénible effort de lui faire un aveu.
Mais, ne craignez-vous pas que Lucile ne pense
Que votre cœur pour elle est dans l'indifférence?
Être belle, et se voir aimer si faiblement!....

DAMIS.

Je l'adore, crois moi. J'ai pu, timide amant,
Renfermant dans mon cœur ma craintive espèrance,
Lui cacher de mes feux toute la violence ;
Mais, mon trouble cruel, mon silence, mes yeux,
Les soupirs étouffés de mon cœur amoureux,
Ma haine pour Mondor, mes craintes, mes alarmes,
Tout ne prouve-t-il pas que j'adore ses charmes ?
Puis je ne pas l'aimer ! Lucile à la beauté
Réunit des vertus dont je suis enchanté.
Elle a cet air décent qui rend son sexe aimable :
Digne ouvrage des soins d'une mère estimable,
Lucile, à peine encor dans sa jeune saison,
Des graces de l'esprit sait orner la raison.
Tant de titres brillans qui parent son jeune âge,
De mon timide cœur ont suspendu l'hommage.
De lui plaire, en un mot, je n'ose me flatter.
Ce n'est qu'en l'égalant qu'on peut la mériter.

LISETTE.

Si vous vous en tenez à ce regard modeste,
Plutus, à votre amour, va devenir funeste.
Tandis que vous perdez de précieux momens,
Mondor met à profit tous vos retardemens
Prévenons-le, Damis : écrivez une lettre.

DAMIS.

Une lettre à Lucile !

LISETTE.

Et j'ose vous promettre
Qu'on ne saurait lui faire un plaisir plus charmant.

DAMIS.

Ton aveu me perdrait. Non, te dis-je.

LISETTE.

Comment!

DAMIS.

C'est en vain. .

LISETTE.

Mais encor, ne pouvez-vous m'instruire...

DAMIS.

Je l'adore et je crains.....

LISETTE.

Quoi! vous n'osez écrire
Un aveu qui plaît tant, quand on aime du moins!
Oh! je vais.....

DAMIS.

Un seul jour, suspends encor tes soins,

LISETTE.

Point d'aveu, ni de lettre! éviter sa présence!
Comment donc de vos feux lui faire confidence?

DAMIS, *distrait et agité.*

Oui, dès demain, je veux lui dévoiler mon cœur
Et mériter sa main, ou mourir de douleur.

LISETTE.

L'oserez-vous, monsieur?

DAMIS.

J'en donne ma parole.

LISETTE.

Vous devriez donc.....

DAMIS.

Quoi ?

LISETTE.

Répéter votre rôle.

DAMIS.

Je suis donc bien timide ?

LISETTE.

Ah ! le rôle d'amant
Est bien nouveau pour vous. Supposons un moment
Que je sois, moi, Lucile. Allons, daignez m'instruire
Des tendres sentimens que l'amour vous inspire.
Eh quoi ! vous rougissez ! vous détournez les yeux !
Daignez donc m'honorer d'un regard amoureux.
Exercez-vous, monsieur;... Mais je perds patience.
Faut-il tant vous presser ?

DAMIS.

C'est une extravagance.
Dispense moi, Lisette.

LISETTE.

Oh ! je vous entreprends.
Il faut, monsieur Damis.....

DAMIS.

Ciel ! Lisette, j'entends
La mère de Lucile, elle approche. Je tremble.

(Il veut sortir. Lisette le retient par une des basques de son habit.)

LISETTE.

Restez.

DAMIS.

Mais, les soupçons, si l'on nous trouve ensemble?

LISETTE.

C'est fort suspect... Restez. Tout le monde chez nous
Sait qu'on est sans danger tête à tête avec vous.

SCÈNE III.

La mère de LUCILE, DAMIS, LISETTE.

La mère de LUCILE, *à Damis.*

VOUS vous intéressez au bien de ma famille?

DAMIS.

Ah! madame.

La mère de LUCILE.

Mondor veut épouser ma fille:
Je viens vous consulter.

DAMIS, *à part.*

Dans quel étonnement!....
(*à Lisette.*)
Je n'ose déclarer.....

LISETTE, *bas.*

Vous n'avez qu'un moment.

DAMIS.

Mondor a soixante ans, et Lucile est jolie :
C'est unir le printemps à l'hiver de la vie.
Mais j'approuve ce choix, si Lucile a fait voir
Quelle suit son penchant plutôt que son devoir.

La mère de LUCILE.

Une fille bien née et que l'honneur éclaire.....

LISETTE.

Attend, pour s'attendrir, les ordres de sa mère.
Quand vous pouvez choisir entre tant de maris,
Vous lui donnez, madame, un fat en cheveux gris!
Connaissez-vous Mondor et son impertinence?
Quel ennui de le voir, fier de son opulence,
D'affaires, de projets infatigable agent,
Étaler ses billets ou compter son argent!
Avez-vous observé son affreux caractère!
Il est brusque, impoli, sot, orgueilleux, colère?
Mais; quand il fait un don de trois cents mille écus,
Un mari, quel qu'il soit, n'est jamais sans vertus.

La mère de LUCILE.

Lucile vient; Damis, je vous laisse avec elle.
Quelle s'explique mieux,

LISETTE.

Oh! comptez sur son zèle.

DAMIS, *à part.*

Profitons du moment.

La mère de LUCILE, *à Lisette.*

Et vous, suivez mes pas.

LISETTE, *bas à Damis.*

Pendant cet entretien ne vous oubliez pas.

SCÈNE

SCÈNE IV.

DAMIS, LUCILE.

LUCILE, *à part.*

C'EST Damis.

DAMIS, *à part.*

Que d'attraits !

LUCILE, *à part.*

Ah ! que je suis émue !

DAMIS, *à part.*

C'est cacher trop long-temps mon secret à sa vue.
(*haut.*)
Ah ! Lucile !

LUCILE.

Damis, plaignez-vous mes ennuis ?
Concevez-vous l'horreur de l'état où je suis ?
Cet odieux Mondor, quand je me désespère,
Oppose à mes refus les ordres de ma mère.
Pour détourner l'hymen qui me glace d'effroi,
A ma mère, Damis, daignez parler pour moi.
Vous avez, je le sais, quelque empire sur elle :
Malgré son air sévère, elle n'est point cruelle.
J'ai craint un libre aveu : peignez-lui ma douleur...

DAMIS.

Il faut, en s'expliquant, prévenir ce malheur;
(*à part*)
Et j'y cours de ce pas. Dieu ! qu'elle m'intéresse !

(*Il revient.*)
Hasardons un aveu... malheureuse faiblesse !
(*haut.*)
Vous avez refusé ?...

LUCILE.

J'aurais trop à rougir
Si les biens de Mondor avaient pu m'éblouir.

DAMIS.

Lucile, honorez-moi de votre confiance.
Quand vous voyez Mondor avec indifférence,
Peut-être qu'en secret votre cœur est charmé
Des vertus d'un amant plus digne d'être aimé.

LUCILE.

Ah ! vous avez surpris l'aveu de ma tendresse !
Oui, tandis que Mondor, qui m'obsède sans cesse,
De mon cœur révolté n'obtient que des mépris,
Un autre sans effort..... Ah ! Damis, je rougis.

DAMIS.

N'osez-vous le nommer ?

LUCILE.

Un préjugé sévère,
Quand je voudrais parler, me condamne à me taire.
(*à part.*)
Ah ! si tu devinais, au trouble où tu me vois,
Que c'est toi, cher Damis, dont s'honore mon choix !

DAMIS.

Celui que vous aimez, jeune, aimable, fidelle.....

LUCILE.

De toutes les vertus est le parfait modèle.

Ses graces, son esprit séduisent tour à tour;
Et c'est en l'estimant que j'ai connu l'amour.

DAMIS, *à part.*

A ce portrait flatteur d'un mérite suprême,
Je n'en saurais douter, ce n'est pas moi qu'elle aime.

LUCILE, *à part.*

Quelle était mon erreur! j'ai cru jusqu'à ce jour
Que sa timidité me cachait son amour;
Mais, ce silence enfin.....

DAMIS.

Sans doute, il vous adore,
Cet amant trop heureux?

LUCILE.

S'il m'aime, je l'ignore.

DAMIS.

(*à part.*)
Serais-je cet amant? Puis-je croire jamais?.....
(*haut.*)
Ah! Lucile, il adore en secret vos attraits.

LUCILE.

Mon estime, Damis.....

(*A l'instant que Lucile prononce ce demi-vers, Mondor, qui l'écoutait, se montre et déconcerte les deux amans par des éclats de rire.*)

SCÈNE V.

DAMIS, LUCILE, MONDOR.

MONDOR, *éclatant de rire.*

De l'estime ? ha, ha.
De l'estime, mon cher; mais, rien après cela.

LUCILE.

Epargnez-vous les soins d'être mon interprète :
Vous réussissez mal, très-mal, je le répète.

MONDOR, *à Damis.*

Ne vous y trompez pas. Là, sans présomption,
Osons faire, entre nous, quelque comparaison.
Nous aimons tous les deux. Dans cette concurrence,
Voyons si vous pouvez former quelque espérance.
Mon dangereux rival, au moins, pardonnez-moi
Si, dans cet examen, je suis de bonne foi.
Je ne me vante point : j'ai d'immenses richesses
Qui pourraient me gagner le cœur de vingt maîtresses;
(*à Lucile.*) (*à Damis.*)
Mais je n'aime que vous : avec un tel secours,
Près du sexe, aujourd'hui, l'on va vîte en amours;
Cependant voyez-vous, à Lucile, que j'aime,
Je crois, sans vanité, plaire assez par moi-même.
Vous avez de grands biens; mais, sans fatuité,
Je crains peu les dangers de la rivalité.

Vous êtes jeune, soit; mais ce n'est qu'à mon âge,
Qu'on peut, avec raison, songer au mariage.
Quant à l'esprit, tenez, je ne me flatte point;
Mais, vous allez, d'abord, me céder sur ce point.
Peut-on me contester les graces du langage?
Saisit-on mieux que moi le ton du persiflage?
Je sais, quand je le veux, placer adroitement
Une saillie heureuse, un à-propos charmant.
De toutes mes vertus j'ai la tête remplie;
Mais je n'en parle point par pure modestie.

(*à Lucile.*)

Ne puis-je, en ce moment, seul vous entretenir?

(*bas.*)

Il nous gêne.

DAMIS.

J'entends, il me faudrait sortir.
Ce seroit un peu loin pousser la complaisance.
Que madame prononce, et j'y souscris d'avance.

MONDOR, *le contrefaisant très-bas.*

Prononcez-donc.

LUCILE, *à Damis, à demi voix.*

Restez, pour me sauver l'ennui
Qu'on éprouve, à coup sur, quand on est avec lui.

MONDOR.

De ces feux clandestins j'instruirai votre mère.
Monsieur est mon rival, il aspire à vous plaire!
Il triomphe un moment. Mais, je serai vengé,
Et bientôt, par mes soins, il aura son congé.

DAMIS.

Mon congé, ditez-vous?

MONDOR.

Oui.

DAMIS.

Le fat !

MONDOR.

Quelle audace !
M'oser traiter de fat et m'insulter en face !

DAMIS, *s'avançant.*

Sans les égards qu'ici.....

MONDOR.

(*effrayé, portant la main à son épée.*)
Vîte..... Séparez-nous.

LUCILE, *à Damis.*

De grace, modérez ce trop juste courroux.

DAMIS.

Je veux bien, un moment, suspendre ma vengeance,
Si monsieur s'est flatté d'une fausse espérance.
Je sors pour vous servir.

SCENE VI.

LUCILE, MONDOR.

MONDOR.

L'AURAIT-ON jamais dit ;
Qu'il dût porter si loin l'audace et le dépit ?
Sans l'effroi qu'il m'a fait, vous auriez vu merveilles ;
Et j'allais, devant vous, lui couper les oreilles.

Mais, calmons-nous. . Faut-il montrer dans tout son jour,
Par cent traits éclatans, l'excès de mon amour ?
Je vais vous étonner : Mondor vous sacrifie
Une jeune merveille, une fille accomplie.....

LUCILE.

Eh ! bien ! épousez-la.

MONDOR, *à part.*

Qu'elle me rend confus !
Apprenez que Mondor n'est point fait aux refus.
Un homme tel que moi vaut bien qu'on le préfère :
Vous opposerez-vous aux ordres d'une mère ?

LUCILE.

De me sacrifier si l'on a la rigueur,
Vous obtiendrez ma main sans obtenir mon cœur.

MONDOR.

Vos mépris redoublés n'éteignent point ma flamme.
Votre mère a promis, et vous serez ma femme.
Si mon mérite, encor, n'a point frappé vos yeux,
Quand nous serons époux, vous le connaîtrez mieux.
Vous m'aimerez alors.

LUCILE.

L'effort m'est impossible.
Mon cœur conçut pour vous une haine invincible,
Quand vous eutes formé l'inutile dessein
De me tyranniser pour obtenir ma main.

SCÈNE VII.

LUCILE, MONDOR, La mère de LUCILE.

LUCILE, *accourant.*

Ah! madame, épargnez à mon ame tremblante
Les suites d'un hymen dont monsieur m'épouvante.
Je n'ai pu (pardonnez à ma sincérité)
Feindre pour lui l'amour qu'il n'a pas mérité.
Si, malgré mon refus, je vous suis chère encore,
Madame, accordez-moi la grace que j'implore.
La crainte d'être à lui me met au désespoir,
(*Ingénument et regardant Mondor.*)
Vous épouser, monsieur, quel pénible devoir!
(*Sa mère lui fait signe de s'éloigner.*)

SCÈNE VIII.

La mère de LUCILE, MONDOR.

La mère de LUCILE.

C'est par les seuls égards, les soins, la complaisance
Qu'on peut d'un jeune cœur vaincre la résistance.
Et ma fille.....

MONDOR.

Est un diable, à ne vous point mentir.
Soins, complaisance, égards, rien ne peut la fléchir.

La mère de LUCILE.

Et ce jeune Damis qu'honore mon estime,
Vous voulez l'éloigner?

MONDOR.

Voilà ce qui m'anime.
Ce Damis que je hais, et par vous estimé,
Est mon rival, peut-être, et mon rival aimé.

La mère de LUCILE.

Chimère.

MONDOR.

Quand j'ai vu....

La mère de LUCILE.

Vous vous trompez, vous dis-je.
Damis amoureux? lui?

MONDOR.

Mais, serait-ce un prodige?

La mère de LUCILE.

Il est si froid! si froid!

MONDOR, *à part.*

Auprès de vous, morbleu.
(*Haut.*)
Il feint de n'aimer pas pour mieux cacher son jeu.

La mère de LUCILE.

Lucile pour Damis aurait le cœur sensible!
Et je n'en saurais rien! la chose est impossible.

MONDOR.

Mais, si je vous dis vrai, que ferez-vous ?

La mère de LUCILE.

Vraiment,

Ma Lucile est jolie et Damis est charmant :
Sans crime, ils ont donc pu se trouver fort aimables.

MONDOR.

Mais s'aimer en secret !

La mère de LUCILE.

Oh ! tous deux sont coupables ;

MONDOR.

J'enrage de bon cœur quand je vois des parens,
Pour se déterminer, consulter leurs enfans.

La mère de LUCILE.

Quand Lucile à vos vœux se montre si contraire,
Dois-je désespérer une fille si chère ?
Je ne ressemble point à ces cruels parens,
Monstres d'indifférence, inflexibles tyrans,
Dont le vil intérêt, fléau de leurs familles,
Immole au plus offrant les malheureuses filles.
C'est d'elle-même, enfin, qu'il la faut obtenir ;
Vous faire aimer ; sinon, je ne puis vous unir.

SCÈNE IX.

MONDOR.

NON, je ne conçois pas, plus je lis dans mon ame,
Que l'or ne puisse rien sur le cœur d'une femme.
Mais j'aperçois Lisette; il faut l'entretenir.
La friponne est adroite et pourrait me servir.

SCÈNE X.

MONDOR, LISETTE.

MONDOR.

PUIS-JE me présenter à ta jeune maîtresse?

LISETTE.

Qu'osez-vous proposer? Elle pleure, elle presse;
De sa mère, qui l'aime, elle implore un bienfait.

MONDOR.

C'est?

LISETTE.

De ne plus revoir le mortel qu'elle hait.
Et ce mortel.... c'est vous.

MONDOR.

Ciel !

LISETTE.

Cela me désole.
Oser vous refuser ! moi, je tiens qu'elle est folle.

MONDOR.

Je t'intéresse donc ?

LISETTE.

Si vous m'intéressez ?
Je vous aime, monsieur, plus que vous ne pensez.
Ah ! si vous aviez vu l'affection, le zèle,
Que j'ai, tantôt, pour vous fait briller auprès d'elle,
Que vous m'en sauriez gré !

MONDOR.

Tu me charmes, vraiment.
Je veux récompenser ce tendre sentiment.

(*Il lui donne une bourse.*)

LISETTE, *feignant de pleurer.*

Ah !

MONDOR.

Quoi ! des pleurs ?

LISETTE, *feignant encore de pleurer.*

Pour vous ma tendresse est si forte !
Mais, si vous m'en croyez, vous gagnerez la porte.
Je vous estime tant ! Pourrai-je, sans mourir,
Vous voir signifier de ne plus revenir ?
Pour vous mettre à couvert de ce malheur extrême,
Il faudrait.....

MONDOR.

Quoi ?

LISETTE.

Sans bruit, vous exiler vous-même.

MONDOR.

Plus d'espoir ?

LISETTE.

Ah ! monsieur, tout est désespéré.

MONDOR.

Tout le monde s'est donc contre moi déclaré ?

LISETTE.

Oh ! tous... excepté moi.

MONDOR.

Tu voudras bien, ma chère,
Remettre un mot d'écrit à Lucile, j'espère.

LISETTE.

On m'en punirait.

MONDOR.

Non.

LISETTE.

Mon dieu ! si.

MONDOR, *lui donnant encore une bourse.*

Mon enfant;
Pardon, si j'oubliais.....

LISETTE.

Que vous êtes pressant !
De la séduction on ne peut se défendre.

MONDOR, *la saluant.*

Je te suis obligé d'avoir l'ame si tendre.
Je vais écrire, attends.

LISETTE.

Quoi! monsieur, le billet?...

MONDOR.

N'est pas fait.

LISETTE, *lui montrant une table.*

Tout est là. Hâtez-vous, s'il vous plait

MONDOR. (*Il s'assied près de la table, met ses lunettes, et regarde autour de lui.*)

Mais il est déjà nuit, et ma vue affaiblie.....
Lisette, écris-tu bien?

LISETTE.

Comment! j'orthographie;
Et je peins à ravir, soit dit, sans me flatter.

MONDOR.

Viens donc te mettre ici. Je m'en vais te dicter.
(*Il lui cède sa place.*)

LISETTE, *une plume à la main.*

Allons, monsieur, voyons cette prose éloquente.

MONDOR.

Pour rendre, mon enfant, ma lettre plus touchante,
J'imagine d'abord un excellent moyen.

LISETTE.

Quel est-il?

MONDOR.

Le voici: J'offrirai tout mon bien.

LISETTE.

Lucile, par malheur, n'est pas intéressée.

MONDOR.

Ce n'est pas ton défaut, par exemple, rusée.
Ecris.

(*Il dicte.*)

« Mon seul désir est de vous rendre heureuse :
» Vous mériter est mon souverain bien.
» Dites un mot, et mon ame amoureuse
» Met à vos pieds ma personne et mon bien,

(*Il s'approche de la table pour signer.*)

LISETTE.

Qu'est-ce?

MONDOR.

Je vais mettre ma signature

LISETTE, *l'écartant.*

Laissez. Personne, ici, n'a vu mon écriture.

(*à part.*)

Je vais..... Signons Damis.

MONDOR.

Fais, comme il te plaira.

(*Lisette met au bas de la lettre le nom de Damis.*)

LISETTE.

Cette lettre, à coup sur, monsieur, réussira.
Le nom seul fera tout.

SCÈNE XI.

LISETTE, *riant à gorge déployée.*

PAR cette ruse habile,
De l'amour de Damis je convaincrai Lucile ;
Puisqu'elle n'en croit rien, malgré ce que j'ai dit,
J'en vais montrer l'aveu signé dans cet écrit.
Je suis un peu méchante et j'aime fort à rire.
Que Mondor paîra cher de m'avoir fait écrire !
(*retournant la lettre.*)
Au lieu d'écrire un mot de réparation,
C'est encor de ses feux la déclaration ;
J'en ai bien profité : j'ai signé cette lettre
Du nom de son rival ; Vîte, allons la remettre.

SCÈNE XII.

LUCILE, LISETTE.

LUCILE.

AH ! Lisette, prends part à ma félicité.
Ma mère, en ma faveur, change de volonté ;
Et si Damis m'aimait, je serais trop heureuse.

LISETTE.

LISETTE.

Il vous aime : calmez cette crainte trompeuse.
De son amour pour vous je puis être garant.
Son air timide et froid vous cache un cœur brûlant.

LUCILE.

Tu me le dis toujours. Ah ! s'il est vrai qu'il m'aime,
Lisette, il aurait dû me l'apprendre lui-même.

LISETTE.

Oh ! Damis, près du sexe, est plus respectueux ;
Et s'il n'a point encor fait éclater ses feux,
C'est qu'il craint de blesser votre délicatesse.
Il faut que ce garçon soit d'une étrange espèce ;
Quand de nos jeunes gens l'air frivole, éventé
N'a pas pu le guérir de sa timidité.

LUCILE.

A le faire expliquer dois-je encore prétendre ?
J'ai tâché vainement de lui faire comprendre.....

LISETTE.

Il fallait s'énoncer plus positivement.
Quand j'aime, je le dis tout naturellement.
Malgré mon sexe, enfin, j'aime fort la franchise.
C'est d'un aimable objet que vous êtes éprise :
Pourquoi donc ces détours ? Allez. J'en vois, souvent,
Qui jurent d'aimer bien, quand le cœur les dément.
Mais, c'est trop vous cacher une heureuse nouvelle.
J'ai là certain billet..... Lisez, mademoiselle ;
Il est de votre amant.

(Lisette présente la lettre et la retire pour s'amuser de l'impatience que Lucile fait paraître.)

LUCILE.

Que dis-tu ? Quel bonheur !
Quoi ! Damis... Donne donc, Lisette ; ta lenteur
M'impatiente... Eh ! bien ?

LISETTE.

Mon dieu ! qu'il faut d'adresse
Pour faire à ce garçon déclarer sa tendresse !
Si vous saviez..... Tantôt, je vous conterai ça.

LUCILE.

Donne donc cet écrit, Lisette.

LISETTE.

Le voilà.
(*Elle aperçoit Mondor.*)
Permettez qu'à l'instant, pour raison, je vous quitte.
(*à part.*)
J'ai quelque affaire ailleurs... Circonstance maudite !
Mondor ici ! s'il parle, on va tout découvrir.
Pourrai-je l'empêcher ?... Tâchons d'y réussir.

SCÈNE XIII.

LUCILE *sur le devant*, MONDOR, LISETTE *dans le fond.*

LISETTE, *à Mondor.*

Ma maîtresse, à l'instant, vient d'ouvrir votre lettre.
Mais, devant elle encor, gardez-vous de paraître.

Pour seconder mon plan il faudrait l'éviter.
Si vous dites un mot vous allez tout gâter.
Venez.

MONDOR.

Je veux rester.

LISETTE, *à part.*

Puisque rien ne l'arrête ;
Esquivons, en fuyant, les coups de la tempête.

SCÈNE XIV.

LUCILE *sur le devant*, MONDOR *dans le fond.*

MONDOR, *à part.*

TENONS-NOUS à l'écart. Observons tout de loin ;
Et nous nous montrerons après, s'il est besoin.

LUCILE, *les yeux attachés sur la lettre de Mondor, qu'elle croit de Damis.*

Que le style en est doux ! cette lettre m'enchante.
Que n'est-il le témoin des transports d'une amante !
(*Elle presse la lettre contre son cœur.*)

MONDOR, *à part.*

Oh ! c'est moi. Voilà bien ma lettre qu'elle lit.
Que n'est-il le témoin ! cet aveu me ravit.

LUCILE, *lit.*

» *Mon seul désir est de vous rendre heureuse.*
Ah ! sans toi, cher amant, Lucile ne peut l'être !

MONDOR, *à part, répétant d'une manière ridicule.*

Sans moi ! cher amant ! ciel ! elle baise ma lettre.

LUCILE *lit :*

» *Dites un mot, et mon ame amoureuse*
» *Met à vos pieds ma personne et mon bien.*
Des biens, que son amour veut m'offrir aujourd'hui,
Le cruel ne sait pas que je n'aime que lui.

MONDOR, *à part.*

Lorsqu'elle est sans témoin, comme elle a le cœur tendre !
Elle m'aime en secret ; elle a beau s'en défendre.

LUCILE, *se retournant.*

Allons voir mon amant.

MONDOR.

Il tombe à vos genoux.

LUCILE, *à part.*

(*haut.*)

On m'a surprise, oh ciel ! monsieur, retirez-vous.
Vous m'écoutiez ?

MONDOR.

Eh ! oui : la feinte est inutile.
Je sais tout de vous-même, adorable Lucile.

LUCILE.

Ainsi, vous consentez.....

MONDOR, *dans une extase ridicule.*

Oh ! douce volupté !
Ah ! loin de me punir de ma témérité,
Confirmez que l'écrit, que vous venez de lire,
Vous a charmé.

LUCILE.

Jamais, je n'oserai vous dire....

MONDOR.

Je cours chez votre mère et reviens, promptement,
M'offrir à vous, heureux de son consentement,

LUCILE, *seule.*

C'est Damis. Que je vais lui causer de surprise !
A ne lui rien cacher son billet m'autorise.

SCÈNE XV.

LUCILE, DAMIS

LUCILE.

AH ! Damis, accourez. En ce moment si doux,
Mon cœur impatient vole au devant de vous.
Lisette m'a remis... votre aveu... m'intéresse

DAMIS.

(*à part.*)

Vous lisez dans mon cœur... Malgré tant de sagesse,
(*haut.*)
M'avouer la première !... Ai-je dû présumer
Que cet amant ?....

LUCILE.

Tantôt, je n'osais le nommer ;
Mais ce billet.....

DAMIS.

Moment plein de trouble et d'ivresse !
Ah ! Lucile, à vos pieds, j'expire de tendresse.
Pardonnez à mon cœur, à mes sens enflammés,
Ces transports violens et si mal exprimés.
Vous parliez d'un billet.

LUCILE.

Pour comble d'allégresse,
Mondor à nous unir lui-même s'intéresse.

DAMIS.

Lui ? Je ne reviens pas de mon étonnement !
Mondor renonce à vous ! Quel heureux changement ?...

LUCILE.

Pendant que seule, ici, je lisais votre lettre.....

DAMIS.

Ma lettre, dites-vous ?

LUCILE.

Oui, Damis. D'où peut naître
L'étonnement soudain qui vient de vous saisir ?

DAMIS.

Je n'entends pas très-bien. Daignez mieux m'éclaircir.

LUCILE.

Lisez. Connaissez-vous ces traits, ce caractère ?

DAMIS, *lisant la lettre.*

Mon nom dans cet écrit ! Quel est donc ce mystère ?
De qui le tenez-vous ?

LUCILE, *souriant.*

De Lisette, je crois.

DAMIS.

Cet aveu que j'ai craint, elle l'a fait pour moi.
Artifice charmant! aimable espièglerie!
Lisette, je te dois.....

LUCILE.

Elle en sera punie.
Oh! ciel! c'est sur la foi de cet écrit trompeur,
Que je viens d'avouer.....

DAMIS.

Ma gloire et mon bonheur.
Ah! n'en rougissez pas. Que l'amour seul décide.
Vous venez d'enhardir un amant trop timide,
Et qui, sans votre aveu, n'eût, peut-être jamais,
Osé vous déclarer ses sentimens secrets.

SCÈNE XVI.

MONDOR, La mère de LUCILE *dans le fond*, DAMIS, LUCILE, *sur le devant.*

La mère de LUCILE, *à Mondor.*

QUOI! monsieur, votre lettre?....

MONDOR.

A produit des merveilles.
A peine j'en croyais mes yeux et mes oreilles.

DAMIS, *à Lucile.*

Vous m'enchantez.

(*Il lui baise la main. Mondor, en se retournant, l'aperçoit et court à lui.*)

MONDOR.

Ah ! ah ! monsieur, retirez-vous.
C'est moi, sans vous fâcher, qui serai son époux.

DAMIS.

Vous ?

MONDOR.

(*à Lucile.*)

Moi-même. Parlez. Quel dessein est le vôtre ?
Voulez-vous m'épouser pour en aimer un autre ?

LUCILE.

Vous épouser ? l'erreur est plaisante, vraiment.

MONDOR.

J'ai lieu d'être surpris d'un si prompt changement.

LUCILE.

Je vous ai donc promis ?...

MONDOR.

Et, puisqu'il faut tout dire,
Dans le premier transport du plus charmant délire,
N'avez-vous pas relu, dévoré, moi présent,
Un billet.....

LUCILE.

De Damis ?

MONDOR.

Expliquez-moi comment ?

LUCILE.

Je l'ai cru de Damis.

MONDOR, *prenant la lettre.*

Lisons la signature :
Je veux par ce témoin démasquer l'imposture,
Ciel ! le nom de Damis à la place du mien !

DAMIS.

C'est un jeu de Lisette ; il m'a servi très-bien.

MONDOR.

Cruelle trahison ! Faussaire détestable,
As-tu pu me jouer ce tour abominable !
Lisette ! je ne puis..... Je suis assassiné.
Lisette ! Le serpent ! Ah ! je suis indigné.
Je veux, dans le transport dont mon ame est saisie,
Me venger, la punir de cette perfidie,
Lisette !

TOUS LES ACTEURS.

Lisette !

SCÈNE XVII.

Tous les Acteurs de la Scène précédente, LISETTE *accourant.*

LISETTE.

Eh ! qu'est-ce donc ? Me voilà.

MONDOR.

Ah ! friponne, je veux.....

LISETTE, *frappant du pied, et fesant reculer Mondor.*

Tout de bon ! Alte-là !
Contez-moi vos raisons, sans vous mettre en colère.
Je vous répondrai bien.

MONDOR, *à part.*

L'impudente faussaire !
(*Haut.*)
Regarde ce billet. Parle. Je suis trahi.
Recevoir mon argent, et me jouer ainsi !

LISETTE, *jouant l'air surpris.*

Ciel ! le nom de Damis ! Quelle étrange méprise !
Monsieur, sans vous fâcher, il faut que je vous dise
Que je suis fort sujette..... à la distraction ;
Et fort innocemment, par inattention,
J'ai mis un nom pour l'autre.

MONDOR.

Ah ! perfide, j'enrage.
Tu me railles, encor, pour aggraver l'outrage,
Moi qui, pour me servir, t'ai comblé de présens !

LISETTE.

Aussi, de mon erreur, comme je me repens !

MONDOR.

Madame, maintenant, c'est en vous que j'espère.
Faites valoir, ici, l'autorité de mère.
Je me jette à vos pieds. Vous-même, jugez-nous ;
Et daignez nous unir.....

LISETTE.

Pour nous tourmenter tous.

La mère de LUCILE.

Vous avais-je promis d'employer la contrainte ?
Epargnez-vous, monsieur, une inutile plainte.
Vous avez mérité par vos airs, vos mépris,
La haine de ma fille et celle de Damis.

(*à Damis.*)

Vous, tous les jours, temoin de ma bonté facile,
Pourquoi me cachiez-vous votre amour pour Lucile ?
Cela me pique au moins. Mais, j'ai tout pardonné
En faveur des vertus dont vous êtes orné.
Recevez de ma main une fille chérie.

LUCILE.

Ah ! ma mère !

DAMIS.

Ah ! madame !

L I S E T T E, *montrant Mondor.*

Il meurt de jalousie.

M O N D O R, *à Lisette.*

Je t'ai chargée ainsi de ce billet fatal
Pour y signer l'aveu de l'amour d'un rival !
Mais, puisque contre moi tout le monde conspire,
(*montrant un porte-feuille.*)
Ce million comptant humblement se retire.

La mère de L U C I L E.

Aimez-vous, mes enfans : je vous unis tous deux.
Le bien seul ne peut rendre un mariage heureux :
Il faut que la vertu, l'amour, la sympathie
Serre un nœud d'où dépend le bonheur de la vie.

FIN.

www.ingramcontent.com/pod-product-compliance
Lightning Source LLC
LaVergne TN
LVHW050543100826
845148LV00002B/669

* 9 7 8 2 0 1 2 7 2 5 5 0 8 *